ORAISON FUNÈBRE

DE TRÈS-ILLUSTRE & TRÈS-CLÉMENTE DAME

LA

RÉPUBLIQUE

(Troisième et dernière du Nom)

DÉDIÉE

A SON ALTESSE SÉRÉNISSIME

LE

PEUPLE SOUVERAIN

Deuxième Edition.

CHEZ TOUS LES LIBRAIRES

—

1871

ORAISON FUNÈBRE

DE TRÈS-ILLUSTRE ET TRÈS-CLÉMENTE DAME

LA RÉPUBLIQUE

(Troisième et dernière du nom)

ORAISON FUNÈBRE

DE TRÉS-ILLUSTRE & TRÉS-CLÉMENTE DAME

LA

RÉPUBLIQUE

(Troisième et dernière du Nom)

DÉDIÉE

A Son Altesse Sérénissime

LE

PEUPLE SOUVERAIN

PRIX : 50 CENT.

CHEZ TOUS LES LIBRAIRES

—

1871

AVIS

L'orateur prévient qu'il considère la République non telle qu'elle pourrait exister, mais bien telle qu'elle s'est montrée de fait en 1789, en 1848 et en 1871.

Quant à l'existence en France d'une véritable République, elle est tout simplement impossible, faute... de républicains. — Voilà pourquoi cette oraison funèbre.

ORAISON FUNEBRE

DE LA

RÉPUBLIQUE

Et nunc.... intelligite,..... erudimini.
Et maintenant, comprenez, instruisez-vous,.

« Celui qui règne dans les cieux et de qui relèvent tous
« les empires, à qui seul appartient la gloire, la majesté et
« l'indépendance, est aussi le seul qui se glorifie de faire la
« loi aux peuples comme aux rois, et de leur donner, quand
« il lui plaît, de grandes et terribles leçons. »

Ces paroles que l'incomparable Aigle de Meaux laissait
tomber sur les restes glacés du grand roi, les désastres fou-
droyants qui, en écrasant la France, ont consterné l'univers,
nous les rappellent avec une éloquence qui a tout l'éclat du
tonnerre.

Debout, les bras étendus, le front baissé sur les ruines de
la patrie, un violent soupir soulève ma poitrine oppressée, et
de mes lèvres s'échappe cette apostrophe du Prophète aux

grands de la terre et aux arbitres du monde: *Et nunc reges,
intelligite, erudimini qui judicatis terram*. Et maintenant
rois , ayez l'intelligence , instruisez-vous juges de la terre.

Qui peut douter que les épouvantables événements dont
nous sommes les témoins et les victimes tout ensemble, ne
soient une de ces solennelles leçons que la Justice divine donne
aux nations, dans les temps marqués par ses décrets, afin de
les ramener au devoir et de les rendre dignes encore de la
miséricorde?

A ne consulter, il est vrai, que les enseignements du passé
et les destinées d'un grand nombre de peuples aussi floris-
sants par leur civilisation et leur prospérité que par leur
attachement à l'Eglise catholique, la mère féconde et glorieuse des modernes générations qui ont pris naissance et
ont grandi sur les ruines du monde romain, il ne nous reste-
rait, hélas! aucun rayon d'espoir sur le retour de la France
à ses nobles et glorieuses traditions d'honneur et de dévouement. Les nations comme les individus naissent, grandis-
sent, arrivent à l'âge mûr, puis vieillissent, tombent et
disparaissent enfin, non sans éprouver les horreurs d'une
longue et terrifiante agonie. Illustres et saintes Eglises des
premiers siècles du Catholicisme, Antioche, Alexandrie, Co-
rinthe et Jérusalem, que reste-t-il de vous, si ce n'est votre
nom et le souvenir d'une gloire qui n'est plus! Et la reine
des mers, autrefois l'Ile des saints, qu'est-elle autre chose à
cette heure, que l'entrepôt du négoce universel et en même
temps un repaire ouvert à tous les malfaiteurs et à tous les
bannis? De la généreuse et vaillante Pologne, plus rien que
les dernières convulsions qui attestent que la victime vient
d'expirer sous les griffes ensanglantées des léopards qui s'en
disputent les lambeaux. !

Serait-ce là, mon Dieu ! le sort dernier réservé à la
France, à cette France qui est la vôtre et que vous avez choi-

sie dès son origine, pour être à votre Eglise ce que furent les Machabées pour Israël votre héritage? Non, Seigneur, meilleures sont nos espérances. Si dans votre miséricorde vous avez fait les nations guérissables, la France, après ses malheurs, redeviendra encore l'objet de vos tendresses. Vous ne l'avez livrée au pouvoir de ses ennemis que pour lui faire sentir qu'en s'éloignant de vous, elle perdait, à la fois, son honneur, sa force, sa grandeur et son indépendance. Mais un temps vient et il est maintenant, où la France amoindrie et humiliée, la France de la révolution et du voltairianisme, du césarisme et de l'impiété, de la démocratie et de la barbarie, redeviendra la grande nation, la France de Clovis et de Charlemagne, la France de saint Louis et des croisades, la France ouvrière féconde et dévouée aux merveilles de Dieu: *Gesta Dei per Francos!*

C'est à hâter l'heure de cette résurrection de la patrie que nous consacrons ce discours. Deux grandes pensées nous ont frappé dans le texte sacré: *Et nunc reges intelligite, erudimini qui judicatis terram.* En premier lieu, un regard est à jeter sur le passé, *intelligite.* Comprenez, oui, comprenez, osons-nous dire aux rois de la terre, rois de la politique, de la démocratie, de la tribune, de la presse ; rois de la ville et de la campagne, de l'atelier et de la charrue, puisqu'on parle aujourd'hui du peuple souverain, *reges intelligite,* rois, comprenez une bonne fois, votre aveuglement, vos erreurs, vos fautes, votre perversité. Vous avez perdu la France et vous ne pouvez rien pour la relever.

Erudimini qui judicatis terram. Et vous qui aspirez à l'honneur de juger la terre, vous que la France attend pour présider à ses destinées futures, instruisez-vous, *erudimini.* Pénétrez-vous des principes, des croyances, des vertus et des devoirs sur lesquels repose uniquement le salut de la patrie et son retour durable vers un meilleur avenir.

Ce sont les enseignements que nous allons méditer sur les restes funèbres de très-haute, très-noble et très-puissante Dame LA RÉPUBLIQUE FRANÇAISE, une et indivisible, Reine de Paris, Princesse de Lyon, Duchesse de Marseille, Comtesse de Bordeaux, Baronne de Toulouse, Suzeraine de cent autres villes et provinces, fille, femme, mère, tante et cousine de très-haut et très-puissant Seigneur LE PEUPLE SOUVERAIN.

I.

J'entends à l'avance, Messieurs, s'élever dans les rangs républicains des protestations indignées et tumultueuses contre le téméraire orateur qui ose faire publiquement l'oraison funèbre de leur Mère, de leur Reine, je dirai plus, de leur Divinité, alors qu'eux-mêmes dans leurs assemblées, leurs discours et leurs journaux, ne cessent de la proclamer pleine de vie, et se promettent pour elle l'immortalité. Des hauts sommets de la tribune jusqu'aux humbles séances du plus obscur conseil municipal, pas une proclamation, pas une délibération ne se termine sans la formule traditionnelle : Vive la République !

Or, Messieurs, le premier devoir de tout orateur étant, non de quêter des applaudissements, mais de dire avec courage et franchise la vérité, vous ne serez pas étonnés que, loin d'éviter les dénégations, je m'avance d'un pas ferme à leur rencontre.

Et d'abord, Messieurs, j'admire l'ingénuité profonde, pour ne pas dire autre chose, des républicains les plus honorables, qui, si je ne me trompe infiniment, ne font pas remonter les quartiers de noblesse de celle dont nous célébrons la mémoire, au-delà de cette époque qu'ils appellent glorieuse, et qui, selon eux, fut si féconde en œuvres de régénération, et si riche en immortelles conquêtes. Avec moi, Messieurs, vous saluez cette date de 1789, à jamais fatidique dans les annales de l'humanité,

Ce serait fermer les yeux sur les pages ineffaçables de l'histoire du monde et sur les témoignages les plus authentiques, que de ne pas reconnaître les titres qui font remonter la noble origine de très-haute et très-mémorable Dame la République, au berceau même du genre humain. Je n'ai point dit assez, Messieurs, elle remonte plus haut. L'homme n'était pas encore, que déjà cette illustre Princesse recevait dans le premier de ses ancêtres, Lucifer, le titre de noblesse qui devait être la source de toutes les autres, et elle voyait ses armes héréditaires marquées de cet exergue indélébile destiné à passer de génération en génération, et à caractériser l'esprit dont devait s'inspirer la race républicaine jusqu'aux âges les plus reculés. Cet exergue, ce mot célèbre, vous le connaissez tous, Messieurs, c'est le *non serviam*, je ne servirai point.

Les étroites limites d'un discours ne me permettent point d'entrer dans les détails que comporterait un si vaste et si fécond sujet. Qu'il me suffise de vous faire remarquer en passant, avec quel zèle au-dessus de tout éloge, notre incomparable Princesse a été fidèle à honorer le blason paternel. Quelle autorité, quel pouvoir, quelle majesté dans la suite des âges, ne l'a pas trouvée prête à soulever les générations et les peuples au seul attrait de ce mot magique : *non serviam*, je ne servirai point ?

Je franchis rapidement les siècles et je m'arrête un instant pour admirer avec vous les exploits et les conquêtes de la vaillante Princesse à travers l'Allemagne, la Suisse et la France, à cette époque à jamais célèbre dans l'histoire sous le nom de Réforme. Alors on vit se lever toute une génération de héros poussant le cri de guerre : *non serviam*, contre l'Eglise catholique d'abord, puis contre les princes, et enfin contre Dieu, source unique de toute autorité en ce monde. Les Luther, les Zwingle, les Carlostadt, les de Bèze, qu'étaient-ils autre chose, sinon les preux chevaliers de leur reine et maîtresse, noble et recommandable Dame la République ?

Hâtons notre course, Messieurs, et en même temps recueillons-nous. Voici venir un siècle mémorable entre tous. Jusqu'alors le monde avait compté déjà de gigantesques révolutions, mais un spectacle inconnu lui était réservé, et ses yeux émerveillés allaient contempler une nouvelle création. Et quelle création, Messieurs ! les paroles me manquent et aucune langue ne pourrait exprimer cette merveille. Dieu avait bien pu décréter les hauteurs incommensurables des cieux, l'insondable profondeur des abîmes, la masse imposante de la terre, mais il était réservé à très-excellente et très-puissante Dame la République française de décréter l'Etre suprême!!! Et alors, toujours fidèle à elle-même, impatiente de tout joug, *non serviam*, on la vit à l'œuvre pour renouveler la face de la terre. Les trônes sont renversés, les rois assassinés, les prêtres, les magistrats, les hommes d'honneur et de devoir emprisonnés, décapités, jetés au fond de la mer. Les temples fermés, dépouillés, ravagés, profanés, et là où retentissait la parole de Dieu, on n'entend plus que le hennissement des chevaux. Le pieux murmure de la prière et le chant des cantiques sacrés font place aux blasphèmes du palefrenier, et aux chansons avinées des truands.

C'en est fait, l'ère du progrès est inaugurée et bientôt la génération contemporaine ne pourra plus compter les bienfaits dont elle est redevable à l'inépuisable munificence de très-haute et très-puissante Dame la République, toujours de plus en plus digne de nos louanges et de notre admiration

Qu'il me suffise, Messieurs, de vous avoir sinon tout à fait découvert les augustes et antiques origines de l'Éminente Princesse, d'en avoir assez dit cependant pour satisfaire votre légitime attente et appeler votre bienveillante attention sur ce qui me reste à raconter à la gloire de cette Souveraine, la plus illustre de toute la terre.

Je ne sais plus, Messieurs, quel profond philosophe a observé qu'à de grandes œuvres président toujours de grandes pensées. Aussi, je trouve le principe des incomparables triomphes de Sa Majesté républicaine dans tous les temps et dans tous les lieux illuminés par sa présence, dans la noble et féconde devise tracée en lettres d'or sur son glorieux drapeau. Quel peuple, quelle nation assez barbare et ennemie de toute civilisation pourrait résister à l'attrait de ces trois grands principes sur lesquels repose tout bonheur pour les peuples comme pour les individus : Liberté, Égalité, Fraternité? Voilà, Messieurs, ce que j'appellerais le levier d'Archimède avec lequel la puissante Dame a pu remuer les nations et les enchaîner à son char triomphant. Mais n'admirez-vous point le génie avec lequel, pour mieux arriver à ses fins et séduire les générations humaines, de ces trois choses très-justes et très-saintes, elle a réussi à faire trois insignes et flagrants mensonges ?

Et d'abord la liberté, ce don de Dieu, ce glorieux apanage que le Sauveur nous a conquis sur le Calvaire au prix de son sang. La liberté qui n'est que le pouvoir de faire le bien sans entraves et qui, par là-même, est la première condition de la paix, de la prospérité et de la grandeur des peuples, la liberté sous le règne illustre de cette Souveraine, est devenue la licence, et même, pour me servir d'un terme d'autant plus expressif qu'il est plus juste, la liberté est devenue le libertinage.

Vous est-il difficile, Messieurs, de convenir que sous le régime républicain, il est permis de tout dire, de tout écrire et de tout faire sans rencontrer le moindre obstacle lorsqu'il s'agit du mal? Mais s'il s'agit du bien, voyez-vous cette susceptibilité excessive, ces garanties sans nombre contre son influence, cette multitude de lois, de règlements, d'arrêts, de défenses, ce rappel pudibond et sans cesse renouvelé au respect des lois de l'État? N'était, Messieurs, la réserve que m'impose cet auditoire, je m'abandonnerais à tous les transports de mon enthousiasme, pour acclamer la large et vraiment royale impartialité dont la gracieuse Dame a toujours fait preuve envers l'Église catholique en général et les Congrégations religieuses en particulier. Jésuites et Capucins, Moines et Religieuses, j'invoque ici votre témoignage ; expulsés brutalement de vos paisibles demeures, spoliés de vos propriétés, insultés, jetés dans de noires prisons, ne seriez-vous pas les premiers à entonner l'hymne de la liberté ? N'est-ce pas l'excès de la courtoisie envers l'Église qui l'a obligée à supprimer toute publique cérémonie, et à ne plus porter en triomphe dans ses solennités, le Dieu qui a affranchi le monde ? Je ne pourrai jamais tout dire, Messieurs, et je me sens confondu par la grandeur du sujet, car il me faudrait rappeler la délicate attention de Madame à décharger les Congrégations enseignantes du soin d'instruire les pauvres à peu de frais, et de leur apprendre le catéchisme... Et nous devons passer sous silence tant d'autres preuves excellentes pour démontrer irréfutablement aux yeux de l'univers que pour tous, et pour les catholiques en particulier, l'ère de la République est par excellence l'ère de la liberté !...

J'ai hâte d'arriver au second principe dont la loyale application a orné d'un nouveau lustre le règne à jamais mémorable de l'auguste Princesse que nous honorons. Je veux parler de l'Égalité. Est-il, Messieurs, dans toute la terre habitable un seul homme qui ignore cette grande vérité, à savoir, que nous sommes tous égaux devant Dieu? Le Créateur et le souverain Maître de toutes choses déclare dans les oracles sacrés qu'il ne fait acception de personne.

Que tous soient égaux devant la loi, c'est une vérité non moins évidente, car il n'y a de loi que celle qui est fondée sur la ustice.

Mais cette égalité telle quelle, Messieurs, ne suffit point aux inépuisables aspirations de Madame la République. Pour le bien de la société et sa marche rapide dans les voies du progrès et de la civilisation, elle a proclamé l'égalité de tous dans les biens, les richesses, les dignités, les honneurs, les plaisirs, les jouissances, le bien-être. Saluez, Messieurs, ce paradis terrestre désormais promis à l'humanité. Et pourquoi ne finirions-nous pas un beau jour par voir s'inaugurer enfin parmi nous une parfaite égalité d'esprit, de talents, d'aptitude, d'adresse, de vertus, de taille, de couleur, de force, de santé, de vie et enfin de tout ? La logique, Messieurs, l'inflexible logique veut que le progrès républicain arrive jusqu'à ce degré de perfection qu'on n'aurait jamais osé soupçonner dans un autre âge. O société incomparable et digne d'envie, que celle où tous seront égaux, sans distinction de maître et de valet, de riche et de pauvre, de savant et d'ignorant, de général et de soldat, de propriétaire et de locataire, de volé et de voleur, d'homme de bien et de malfaiteur, de gendarmes et de prisonniers!... Comment se fait-il, Messieurs, je vous le demande, que le monde ait pu marcher pendant une si longue durée de siècles sous l'ignominie de ces distinctions surannées ?

Mais ce n'est pas tout encore, il restait un troisième principe pour couronner les deux autres et donner son dernier lustre au bonheur social: c'est l'immortel principe de la fraternité. Jusque-là on avait admis que tous les hommes issus d'un premier père et d'une première mère étaient membres de la même famille. Comme tels, ils devaient s'aimer, se secourir, s'entr'aider, se respecter mutuellement dans leurs personnes, dans leur honneur, dans leurs biens. Depuis des siècles, l'Église catholique fondait des hôpitaux, instruisait les ignorants, soulageait les malades, recueillait les veuves et les orphelins, multipliait, en un mot, les bonnes œuvres. Aux riches elle disait : les pauvres sont vos frères, la Providence vous a établis leurs économes, assistez-les de votre superflu. Aux pauvres elle enseignait la patience, la résignation, le travail qui constitue leur véritable richesse. Elle leur rappelait que le Sauveur était venu spécialement évangéliser les pauvres et que c'était à eux les premiers qu'était promis le royaume des cieux.

Mieux inspirée et plus idoine à assurer le bonheur de la société, très-dévote et très-secourable Dame la République est venue à son tour se faire l'apôtre de la fraternité. Aux hommes elle a dit aussi : vous êtes frères ; les liens de la charité se relâchent parmi vous ; pour les resserrer, voilà des armes, voilà des canons, des mitrailleuses, des chassepots, des révolvers, des baïonnettes, et que vos plus ardentes démonstrations fraternelles soient réservées aux prêtres, aux religieux, aux catholiques les plus dévoués à la fraternité telle qu'on la pratiquait autrefois. Tuez, volez, pillez, saccagez, calomniez, persécutez au nom de la fraternité.

Ah ! je ne suis plus étonné, Messieurs, que le monde repose dans les délices d'une paix profonde, et que la France nous offre partout le spectacle d'un Eden enchanté. A vous en doit revenir tout l'honneur, Princesse à jamais digne de notre vénération. Seule vous avez su gratifier le monde d'une liberté, d'une égalité, d'une fraternité que nulle puissance n'aurait osé lui promettre.

Après vous avoir brièvement exposé la gloire de notre héroïne, les principes que seule elle a eu le secret d'inaugurer dans le monde pour son entière régénération, il me

sera facile de vous donner un aperçu du nombre, de la valeur, du mérite, de l'influence des serviteurs dévoués que
madame a vus avec ravissement se rallier sous son étendard.
Tout ce que la société renferme d'hommes éminents en génie,
en science, en industrie, en politique, en littérature, en art
militaire, ne le voyez-vous pas se faire honneur de proclamer que rien en ce monde n'est comparable à très-haute,
très-illustre et très-puissante Dame, la République française ?

En effet, Messieurs, est-il un seul homme, se sentant quelque
que génie... je dis quelque génie pour le mal, qui ne se dise
et ne se proclame républicain ? Les premières illustrations de
la science contemporaine, de la science matérialiste, athée,
capable d'analyser le monde sans en reconnaître l'auteur
nulle part, ne sont-elles pas dévouées à la République?

Et l'industrie, Messieurs, l'industrie qui ne rêve que ma-
chines, productions, dividendes, et ne voit ici-bas que du fer,
de la soie ou du coton à manipuler, dites si elle ne fournit pas
son contingent de serviteurs républicains?

Mais de tous les preux chevaliers de la noble Dame, les
plus ardents, les plus éloquents, je n'ose dire toutefois les
plus sincères, parce que la situation ne leur permet la sin-
cérité que dans une certaine mesure, ne se trouvent-ils pas
dans la politique ?

Je n'en finirais point si je voulais citer les sommités littérai-
res qui dans les journaux exercent ce qu'ils appellent si ex-
cellemment et si justement le sacerdoce de la Presse, pour assurer le triomphe universel de celle que ce n'est pas trop de
nommer leur divinité. Des hauteurs où planent ces astres lu-
mineux qui ont nom : le *Siècle*, l'*Opinion nationale*, le *Progrès*, jusqu'aux carrefours éclairés par de moindres flam-
beaux comme le *Vengeur*, le *Défenseur des droits de
l'homme*... et aussi de la femme, quelle phalange d'écrivains
distingués célèbrent la gloire, les bienfaits, les droits de leur

auguste Maîtresse et Souveraine! Est-il un lieu, fût-ce même une cour d'assises où un tribunal de police correctionnelle, où le nom de la plupart de ces dévoués serviteurs ne soit connu ou au moins digne de l'être? Et combien parmi eux se sont acquis au greffe plus d'un titre de noblesse?

Vaillants généraux, intrépides guerriers, pourrais-je passer sous silence votre dévouement à la République? qui comparer, Messieurs, aux Cluseret, aux Eudes, aux Grousset et autres, la fleur de la chevalerie républicaine?

Si d'après l'antique adage : à l'œuvre on connaît l'artisan, et en retournant la proposition; à l'artisan on connaît l'œuvre, vous ne pouvez qu'éprouver la plus légitime admiration pour la séduisante Reine en la voyant acclamée, invoquée, défendue par l'élite de la société.

Vous me demanderez peut-être, comment il se fait que les Catholiques instruits de leur religion et surtout fidèles à la pratiquer, résistent à l'entraînement du grand nombre, et au lieu de céder aux charmes de la République, la prennent au contraire en horreur, et s'en éloignent avec une indomptable obstination? vous me permettrez de vous répondre avec un célèbre publiciste que c'est, entre autres choses, par pur instinct de la bonne compagnie. La République n'ayant jamais régné en France sans que leur Religion n'ait été insultée, outragée, persécutée dans sa doctrine, ses pratiques et ses ministres, il n'est pas étonnant que ces gens-là n'aient eu et n'aient encore que des anathèmes pour une Reine qui, il il faut bien lui rendre cette justice, n'a jamais manqué de se montrer l'ennemie de la Religion et de l'Eglise. M'objecterez-vous que malgré cela cependant, la République a rencontré de dévoués partisans dans le catholicisme? Que voulez-vous, Messieurs, chez beaucoup d'hommes, même les meilleurs, il y a des préjugés, des vues fausses ou troublées, des jugements égarés, des esprits de travers. La perfection n'est pas de ce monde, surtout en politique,

Mais laissez-moi vous faire une courte observation, qui à elle seule, suffirait à caractériser la République telle qu'elle s'est toujours montrée en France : Tout ce qu'il y a dans la société de pervers, de déshonoré, d'abruti, est pour la République, comme aussi tout ce qu'il y a de pur, d'honorable, de généreux et de sincèrement chrétien, est contre la République. En faut-il davantage, Messieurs, pour que la séduisante Dame, malgré ses attraits, soit l'épouvante des honnêtes gens ?

Un coup d'œil maintenant, Messieurs, sur les doctrines plus particulièrement chères à très-docte souveraine la République. Je regrette vivement que l'espace ne nous laisse qu'entrevoir pour ainsi dire un pâle abrégé de cet intéressant chapitre. Tel est le bon vouloir de Madame pour la diffusion des lumières et la complète éducation de toutes les classes de la Société, qu'elle ouvre libéralement toutes les voies de la publicité à tout ce qui peut se dire ou s'écrire en politique, en religion, en philosophie, en morale, en économie. Mais quels encouragements donnés, de préférence, aux écrivains, journalistes et brochuriers qu'une vocation particulière semble destiner à couvrir de leurs mépris, de leurs sarcasmes, de leurs railleries, les croyances et les enseignements de l'Eglise catholique!

N'est-ce pas, Messieurs, sous le régime républicain qu'on voit s'afficher partout et avec une incroyable effronterie les principes subversifs de toute humaine société ? Athéisme, matérialisme, impiétés, absurdités, que trouvez-vous autre chose dans la plupart des écrits républicains ? Dieu, l'éternité, l'âme, le bien, le mal, le vice, la vertu, le juste et l'injuste, le vrai et le faux, tout cela est confondu dans un chaos de négations, d'affirmations, de doutes, de mépris, de blasphèmes, où le cynisme trop souvent le dispute à la stupidité.

La justice humaine, Messieurs, frappe de ses légitimes sévérités ceux qui contrairement aux règles sagement établies livrent au public des substances toxiques, mais combien sont plus coupables ceux qui, tous les jours, corrompent et empoisonnent les âmes dans leurs livres, dans leurs journaux et sur leurs théâtres? Dites si vous le voulez, Messieurs; qu'en cette matière, la licence était extrême sous d'autres régimes, je le veux, mais vous ne nierez point que sous la République le dévergondage n'atteigne les dernières limites de l'extravagance.

Est-il donc surprenant qu'avec de telles théories et de telles pratiques nous ayons eu les spectacles que vous savez?...

Si l'origine, les principes, les partisans, les doctrines de la République ne suffisent point à vous dévoiler le mérite et l'excellence de la Dame, je vous dirai : voyez ses œuvres; comptez les forfaits, les abominations, les hontes, les atrocités barbares et sauvages qu'elle a éclairés de son soleil. L'histoire a enregistré, pour l'instruction des races futures, les triomphes, les victoires, les conquêtes de la mémorable République de quatre vingt-neuf : triomphe du régicide, victoire du cynisme sur la religion et le bon sens, conquête de la banqueroute sur la richesse publique.

Non moins glorieux ont été ses exploits en quarante-huit, massacres, assassinats, pillage, excès de toute sorte.

Mais il nous était réservé, Messieurs, de voir de nos yeux la consommation du progrès, le dernier terme de la civilisation où pouvait s'élever celle que nous devons appeler de son vrai nom : la fille de Satan!...

Paris, la capitale splendide des modernes Sardanapales, la grande Babylone où s'épanouissaient dans tout leur orgueil la richesse, le luxe, la science, les plaisirs, Paris humilié sous le fer des Teutons, devient tout à coup un volcan d'où s'échappent nuit et jour d'épais et noirs tourbillons de fumée;

ses palais, ses monuments, ses édifices, ses temples s'écroulent, les puanteurs du pétrole enflammé remplacent les senteurs des parfums, et des riches et somptueux ameublements, il ne reste que des cendres et des débris. La cité du monde civilisé et élégant, est devenue un repaire de monstres, de scélérats, de brigands, de bêtes fauves. Le sang coule de toutes parts. D'innocentes victimes sont lâchement massacrées. C'est le triomphe des barbares, des cannibales, des anthropophages. Mais l'incroyable, l'inouï, l'impossible, c'est que ces œuvres de barbarie et de satanisme aient trouvé des apologistes. Je n'ai pas besoin de vous dire, Messieurs, que ces derniers se font honneur d'être dévoués de cœur et d'âme à très-clémente et très-bienfaisante Dame la République française une, indivisible et troisième du nom.

Eh bien, Messieurs, que vous en semble ? Après le bouleversement, la destruction totale de la société, de la famille, l'abolition de la propriété, la suppression de toute Religion, où pensez-vous que la République finisse par précipiter le monde, sinon dans l'abîme sans fond de tous les abrutissements et de toutes les sauvageries ? Non, en aucun temps ni chez aucun peuple, la dégradation et la barbarie n'auront atteint un pareil degré.

Quelle que soit pourtant, Messieurs, l'épouvante de nos âmes devant l'abominable avenir que la perversité humaine prépare à la France, nous avons l'espoir que Dieu aura pitié de cette nation qui compte encore dans son sein tant de nobles caractères et de cœurs vaillants.

Il reste encore des Français qui n'ont point fléchi le genou devant l'idole moderne. S'ils le veulent sincèrement, énergiquement et persévéramment, l'avenir est à eux, et seuls ils auront l'honneur de sauver la France. A quelles conditions et par quels moyens ? C'est, Messieurs, ce que nous allons exposer dans cette seconde partie.

II.

Dussé-je soulever la plus effroyable tempête de sarcasmes, de protestations, de ricanements que jamais Dame République ait récelée dans ses flancs, j'affirme que la résurrection de la France ne commencera que le jour où le gouvernement commis à ses destinées, inscrira le *Credo* catholique en tête de sa Constitution, et prendra pour base de ses lois les Commandements de Dieu et de l'Eglise.

Point de salut pour la France, entendez-le bien, Messieurs, et comprenez-le bien, qu'autant qu'elle redeviendra le Royaume très-chrétien et la fille aînée de l'Eglise.

Qu'on ne vienne pas dire que la religion est une affaire de conscience pour l'individu et que la société n'a rien à démêler avec les croyances, les devoirs et les pratiques de l'Eglise catholique. Dieu est le créateur et le souverain maître des nations et des peuples comme des individus qui les composent. Il a droit au respect, à la vénération, à la reconnaissance, aux adorations des empires et des royaumes comme de chaque homme en particulier. Ce n'est point aux rois de la terre, aux assemblées politiques, aux peuples quels qu'ils soient et quelque gouvernement qu'ils aient choisi, à délibérer s'il doit y avoir, oui ou non, un culte public, s'il convient de donner plus ou moins de liberté à la Religion catholique. Leur unique devoir, c'est de se soumettre au Catholicisme parce que seul il a été voulu, décrété, établi par Dieu même et que seul il est la Religion. Tout autre culte est d'invention humaine et Dieu l'a en horreur.

Ce qu'on appelle liberté de conscience, liberté des cultes

est une iniquité, un blasphème et un prétexte de guerre et de persécution contre l'Église. L'expérience démontre que cette prétendue liberté est au profit de l'hérésie, de l'indifférence, de l'impiété, et qu'elle devient un humiliant esclavage pour l'Eglise. Est-ce la Religion catholique qui violente la conscience? Qui donc n'est pas libre de servir Dieu ou de le maudire, sauf à régler compte avec Lui directement, si on repousse l'intervention de son Eglise?.....

Est-ce la Religion catholique qui opprime la liberté des cultes? où la voit-on fermer de force les synagogues, les temples, les pagodes, les mosquées? Elle sait que les nations sont dans les mains de Dieu et qu'il se réserve de les récompenser ou de les punir selon qu'elles le méritent.......

Vous donc qui pouvez être appelés à travailler au salut de la France, sachez que vous ne pourrez rien pour son retour à la paix et à la prospérité, si vous ne commencez par rendre à Dieu ce qu'il a droit d'exiger avant tout, c'est-à-dire le respect pour sa religion et l'entière soumission à son Eglise.

La France, Messieurs, est d'origine chrétienne, et on l'a dit souvent, ce sont les Évêques qui l'ont formée comme les abeilles façonnent leurs ruches. Sa résurrection religieuse, morale et politique doit reposer sur les mêmes principes que sa création première. S'il m'était permis d'indiquer ici le programme à suivre pour l'accomplissement de cette grande et solennelle entreprise, en invoquant la mémoire de la grande Reine que nous accompagnons à sa dernière demeure, je vous dirais : voyez ses doctrines, ses principes, ses œuvres et faites..... tout le contraire.

Elle a proclamé la liberté, l'égalité, la fraternité. Restituez à ces vérités empruntées à l'Evangile leur légitime signification. L'égalité de tous devant les droits à revendiquer, les devoirs à accomplir, les charges à supporter, les avantages à recueillir. Mais non cette égalité impie et absurde qui confond tous les rangs de la hiérarchie sociale et prétend faire d'un valet de chambre l'égal de son seigneur. Le bon sens répugne à admettre que M. Thiers, par exemple, soit l'égal de son concierge et qu'il doive, le cas échéant, lui céder le fauteuil de la présidence...., à moins que ce ne soit pour le frotter.

Dame République a proclamé la liberté. Oui, mais que cette liberté ne soit point la licence de tout dire, de tout écrire et de tout faire. Que les honnêtes gens, les âmes dévouées, les catholiques soient libres de faire le bien ; mais qu'il ne soit pas permis au premier venu de s'établir en persécuteur et en spoliateur, en tyran, selon son bon plaisir. Dans tout état véritablement libre, il ne doit jamais être permis d'outrager Dieu, d'insulter l'Eglise ni de manquer de respect à l'autorité. Encore une fois, jamais le libertinage ne fut la liberté.

En bonne mère toute dévouée à ses enfants, la vénérable République n'a jamais manqué de célébrer la fraternité. Et sous ce beau nom, on sait quels excès se sont commis et quelles scènes de brigandage ont ensanglanté les villes et épouvanté les campagnes. A l'Église seule il appartient d'enseigner la fraternité et de la mettre en pratique. Vous n'avez rien de mieux à faire, Messieurs, que de vous inspirer de ses sentiments, et de la seconder de tout votre pouvoir dans ses œuvres de charité pour secourir toutes les misères de l'humanité sans exception.

Un moyen de civilisation, Messieurs, et fécond en résultats que la République n'a jamais manqué de mettre en œuvre et qui n'a pas été la moindre cause de ses triomphes, c'est la presse. La Presse, on pourrait dire d'elle ce que Saint François de Sales disait de l'imagination, à savoir qu'elle est la folle de la maison. Quel ton, quelles allures ne prend-elle pas lorsqu'elle reçoit ses inspirations de sa souveraine patronne la République ? Est-il sottises, inepties, mensonges, calomnies

qu'elle ne débite à tout propos et sur tout sujet? Mais elle
semble atteindre le paroxysme du délire lorsqu'elle s'attaque
à la Religion. Eh! bien, Messieurs, il est d'un sage gouverne--
ment de ne point laisser toute liberté à une presse dont les
accès de folie constituent un danger public et permanent. Il
faut au besoin la lier, l'enchaîner, lui mettre la camisole de
force, et même la supprimer absolument. Je sais bien que devant cette sage fermeté, on ne manquera pas de crier à l'in-
justice, à la partialité, à la tyrannie. Mais le médecin a-t-il à
s'inquiéter des cris de l'insensé qu'il est contraint de soumettre
à un traitement sévère et douloureux? D'ailleurs, Messieurs,
la presse corruptrice des mœurs publiques et qui se fait un
jeu de couvrir de ridicule les choses les plus saintes et les plus
vénérables, n'a pas le droit d'exister. Nulle part, ni en aucun
temps il ne sera dit que l'erreur ait les droits de la vérité, ni
que le vice soit digne de respect comme la vertu. Voulez-vous
que la presse cesse d'être un instrument de démoralisation
et de perversité? soumettez-la à toutes les sévérités d'une cen-
sure éclairée, mais inflexible. Je sais bien que ce sont là des
vérités déplaisantes, mais rien au monde ne me fera taire ce
qui est utile et nécessaire à la société. Par ignorance, par
préjugé et souvent aussi par complaisance mal entendue, on
a laissé passer assez de faussetés, d'erreurs, d'inepties, il est
temps de se lever contre le courant mensonger qui menace de
tout envahir et de lui dire : on ne passe plus.

Je n'ai point, Messieurs, la prétention de tout dire. Les
étroites limites d'un discours ne permettent que de tracer
les grandes lignes du sujet qui nous occupe. Cependant, pour
l'honneur, la dignité et le bonheur de la France, une chose
me paraît digne encore de votre religieuse et bienveillante
attention. Il s'agit de ce puissant levier de nos temps modernes, au moyen duquel la République a admirablement

réussi à tout bouleverser dans la société. Je veux parler du suffrage universel.

Y eut-il jamais, Messieurs, plus de troubles, de dissensions, d'instabilité en France, que depuis l'introduction de ce dissolvant de toute société?

Assurément je ne veux point trouver mauvaise l'intervention du peuple dans les affaires qui l'intéresent de plus près. Mais quel homme de sens, je le demande, pourrait soutenir et défendre le suffrage universel tel qu'il se pratique en France en l'honneur et gloire de la République? Quels hommes, dans ces derniers temps surtout, a-t-il élevés à l'honneur de gérer les affaires publiques, à Paris en particulier, le foyer des lumières, le centre de la vie politique? Tous, Messieurs, vous avez pu voir aussi de quelle façon le suffrage a été exploité dans les campagnes. Que de votes ont été décidés au cabaret et achetés avec des pots de vin! que de manœuvres, de supercheries, de promesses fallacieuses ont surpris la bonne foi des électeurs!

On a reproché aux honnêtes gens leur abstention devant le scrutin aux élections. Savez-vous, Messieurs, pourquoi un très-grand nombre d'électeurs refusent leur concours aux choix des représentants du peuple? C'est parce qu'ils ne veulent point être victimes d'une des plus insignes duperies sociales qui se puissent imaginer.

Quand les intérêts les plus sacrés d'une nation sont en jeu, est-il admissible, Messieurs, que dans une grande ville, par exemple, le vote d'une multitude de gens sans aveu ait la même valeur, le même poids que le vote des premiers magistrats et des plus honorables citoyens? Est-il admissible que les honnêtes gens soient exposés à se voir un jour à la merci des êtres les plus dégradés que puisse enfanter une révolution? Cependant ce n'est pas là une pure hypothèse. Dès le jour où la République, telle que nous la connaissons,

serait triomphante en France, avec le suffrage universel,
on verrait arriver au pouvoir des hommes capables de tous
les excès et de toutes les tyrannies.

N'en déplaise, Messieurs, aux mânes de celle à laquelle
nous rendons les derniers honneurs, je dirais, au risque de
faire un jeu de mots dans un discours aussi solennel, que pour
leplus grand bien de la génération qu'elle a enfantée et qu'elle
laisse après elle, il y aurait quelque chose de très-nécessaire
et de très-urgent pour le grand nombre, ce serait non pas le
suffrage, mais le *soufrage* universel. Oui, Messieurs, dans
son intelligence et dans son cœur, dans ses mœurs et
dans ses habitudes, dans son âme comme dans son corps,
la société est souillée et atteinte d'un infecte oïdium, un remède prompt et efficace est nécessaire.

Ce sera, Messieurs, l'éternel honneur de ceux que la Providence choisira pour présider aux destinées de la Patrie, s'ils
parviennent non-seulement à l'arrêter sur la pente fatale
où elle est engagée, mais encore à l'asseoir de nouveau
sur les immuables principes qui sont la base de toute société
et la source de la grandeur et de la prospérité des nations. Le
temps est venu d'en finir irrévocablement avec les utopies
enfantées par l'esprit révolutionnaire et exploitées par les
passions républicaines. Au mal il s'agit d'appliquer énergiquement le remède : à l'impiété, la religion ; à la démoralisation,
l'austère vertu ; à la licence, la sage liberté ; à l'insubordination
le respect de l'autorité ; au dévergondage littéraire, le frein
sévère des lois ; à l'ingérence effrénée du peuple dans la politique, l'amour du travail. Ainsi, la France sortira purifiée et
rajeunie des épreuves qui l'ont ébranlée, et affranchie à tout
jamais du joug ignominieux de la révolution, elle reprendra
dans l'Europe et dans le monde la place d'honneur qu'elle y a
toujours occupée avec tant de noblesse et de légitimité.

Et maintenant, Messieurs, qu'attendez-vous de moi sinon

que mettant un terme à ce discours, je donne un libre cours
à vos larmes? Elle n'est plus Celle dont l'éclatante et triomphale apparition sur la terre de France, était l'objet de l'enthousiasme populaire. Aux chants de victoire et de réjouissance, succède le profond silence du tombeau. Mais combien
ce silence même est éloquent et quelles leçons salutaires
et persuasives pour les vivants s'échappent de la froide
dépouille des morts! Après avoir recueilli les solennelles
instructions que nous présente la mémoire de l'illustre
Princesse à laquelle nous rendons les derniers devoirs, souhaitons que ce sommeil dans lequel vient de s'endormir trèshaute, très-recommandable et très-excellente Dame la République, lui soit doux et léger, et qu'elle le dorme éternellement pour le plus grand bien du monde en général
et de la France en particulier. C'est, Messieurs, le plus sincère et le plus ardent de nos vœux puissions-nous en voir
l'accomplissement.

Ainsi soit-il.